新 般若心經 해설

青谷 白点基 지음

263자로 구성된 신(新) 반야심경의 의미 해설

新 반야심경 해설

청곡 백점기 지음

260字 摩訶般若波羅蜜多心經

觀自在菩薩,行深般若波羅蜜多時,照見五蘊皆空,度一切苦厄。舍利子,色不異空,空不異色,色卽是空,空卽是色,受想行識亦復如是。舍利子,是諸法空相,不生不滅、不垢不淨,不增不減。是故,空中無色,無受想行識,無眼耳鼻舌身意,無色聲香味觸法。無眼界、乃至、無意識界。無無明,亦無無明盡,乃至,無老死,亦無老死盡。無苦集滅道,無智亦無得。以無所得故,菩提薩埵,依般若波羅蜜多故,心無罣碍、無罣碍故,無有恐怖,遠離顚倒夢想,究竟涅槃。三世諸佛,依般若波羅蜜多故,得阿耨多羅三藐三菩提。故知,般若波羅蜜多,是大神呪,是大明呪,是無上呪,是無等等呪。能除一切苦,眞實不虛。故說,般若波羅蜜多呪卽說呪曰,揭諦揭諦波羅揭諦波羅僧揭諦菩提娑婆訶。

263字 新 摩訶般若波羅蜜多心經

觀自在菩薩、行深般若波羅蜜多時、照見五蘊皆空、度一切苦厄。舍利子、色不異空、空不異色、色即是空、空即是色、受想行識亦復如是。舍利子、是諸法空相、不生不滅、不垢不淨、不增不減。是故、空中無色、無受想行識、無眼耳鼻舌身意、無色聲香味觸法。無眼識界、乃至、無意識界。無無明、亦無無明盡、乃至、無老死、亦無老死盡。無苦集滅道、無智亦無得。以無所得故、菩提薩埵、依般若波羅蜜多故、心無罣碍、無罣碍故、無有恐怖、遠離一切顛倒夢想、究竟涅槃。三世諸佛、依般若波羅蜜多故、得阿耨多羅三藐三菩提。故知、般若波羅蜜多、是大神呪、是大明呪、是無上呪、是無等等呪。能除一切苦、眞實不虛。故說、般若波羅蜜多、呪即說呪曰、揭諦揭諦波羅揭諦波羅僧揭諦菩提娑婆訶。

머리말

불교 경전은 본래 석가모니 부처님의 가르침을 정리한 세 가지 장(三藏), 곧 경(經)·율(律)·논(論)으로 이루어져 있습니다. 그러나 범부(凡夫)들은 석가모니 부처님의 가르침의 진의를 깊이 이해하지 못한 채, 단순히 독송하거나 암송하는 데 그치는 경우가 많습니다. 이는 참된 수행이 아니며, 아무런 의미도 없습니다. 석가모니 부처님께서 전하고자 하신 깊은 뜻을 올바르게 이해하고, 이를 실천 수행할 때 비로소 깨달음의 최고 경지를 향한 여정을 시작할 수 있습니다.

불교 경전 가운데 가장 널리 알려진 경전이 바로 『반야심경』입니다. 『반야심경』은 부처님의 핵심 가르침인 공(空) 사상을 간결하고 명확하게 정리한 경전입니다.

『반야심경』의 본래 명칭은 『마하반야바라밀다심경(摩訶般若波羅蜜多心經)』으로, 이는 '크고 위대한 지혜의 완성, 그 핵심을 설한 경전'이라는 뜻을 담고 있습니다.

- 마하(摩訶): 절대적 의미의 '크고 위대한' (음역)
- 반야(般若): 산스크리트어 prajñā(쁘라냐)의 음역, '지혜'
- 바라밀다(波羅蜜多): pāramitā(빠라미따)의 음역, '완성'
- 심(心): '핵심'
- 경(經): '경전'

현재 한국에서 널리 독송(讀誦)되고 있는 『반야심경(般若心經)』은 총 260자로 구성되어 있으나, 이는 원래의 의미를 온전히 반영하기 위해 263자로 보완되어야 합니다.

첫째, '안식(眼識)세계'에서 '의식(意識)세계'까지, 곧 인식작용을 나타내는 6식(六識) 전체가 공(空) 가운데에서는 끊임없이 변하며 고정된 실체가 존재하지 않음을 설명하는 대목에서, 당나라의 고승 현장(玄奘, 602-664) 법사의 한역본 중 현재 한국과 일본 등에서 사용되는 판본에서는 '안식계(眼識界)'를 '안계(眼界)'로 표기하여 '식(識)' 자가 누락되어 있습니다.

둘째, '원리일체전도몽상(遠離一切顚倒夢想)', 즉 '일체(一切)의 전도몽상에서 벗어난다'는 구절에서, 한국판에서는 '일체(一切)'라는 핵심어가 생략되어 있습니다. 그러나 일본에 전해진 『반야심경』 판본 등에는 이 '일체(一切)'가 포함되어 있으며, 이를 통해 구절의 의미가 보다 명확하고 완전해집니다.

따라서 『반야심경』은 현행 260자에서 누락된 세 글자(識, 一, 切)를 포함해야 온전히 그 뜻을 이해할 수 있습니다.

이 책은 263자로 구성된 신(新) 반야심경의 의미를 알기 쉽게 해설한 책입니다. 이 책을 통해 부처님의 핵심 가르침인 공(空) 사상을 완전하게 이해하고, 이를 실천 수행하여 마하반야, 곧 크고 위대한 지혜의 완성(바라밀다)을 이루어, 깨달음의 최고 경지에 이르고, 절대 행복을 주는 극락정토의 세계를 구경(究竟)하시기를 기원합니다.

이는 석가모니 부처님의 가르침에 따르면, 현생에서 깨달음의 최고 경지에 이르러 6도(六道)를 벗어나

해탈하고 유여열반(有餘涅槃)에 든 중생만이, 내생(來生)에서도 극락정토(極樂淨土)에 왕생(往生)할 수 있다고 하셨기 때문입니다.

또한 석가모니 부처님께서는 생전에 '갠지스강의 모래알보다 많은 칠보를 보시하는 것보다, 나의 가르침을 한 구절이라도 수지(受持)하고 독송(讀誦)하며, 이를 다른 이에게 설하는 것이 훨씬 더 큰 공덕을 쌓는 길이다'라고 말씀하신 바 있습니다.

독자 여러분께서도 이 깊은 가르침을 되새기며, 『신 반야심경』을 널리 읽고 널리 전하며 큰 공덕을 쌓아 나아가시길 바랍니다.

— 저자 씀

목차

머리말_6

- 제1장 - 오온개공(五蘊皆空)_13
- 제2장 - 색수상행식즉공(色受想行識卽空)_18
- 제3장 - 제법공상(諸法空相)_22
- 제4장 - 공중무오온무육근무육경무육식
  (空中無五蘊無六根無六境無六識)_25
- 제5장 - 공중무십이연기(空中無十二緣起)_30
- 제6장 - 공중무고집멸도(空中無苦集滅道)_35
- 제7장 - 원리일체전도몽상(遠離一切顚倒夢想)_42
- 제8장 - 득아뇩다라삼먁삼보리(得阿耨多羅三藐三菩提)_48
- 제9장 - 대신대명무상무등등주(大神大明無上無等等呪)_51
- 제10장 - 아제아제 바라아제 바라승아제 모지사바하
  (揭諦揭諦 波羅揭諦 波羅僧揭諦 菩提娑婆訶)_55

부록: 불교 기본 용어 사전_60

- 제1장 -
오온개공(五蘊皆空)

觀自在菩薩(관자재보살)
行深般若波羅蜜多時(행심반야바라밀다시)
照見五蘊皆空(조견오온개공)
度一切苦厄(도일체고액)

보살(菩薩)은 보리살타(菩提薩埵)의 준말입니다. '보리살타'는 고대 인도어 Bodhisattva(보디사뜨바)를 한자로 음역한 것으로, 깨달음을 구하는 이, 곧 깨달음을 향해 나아가는 수행자를 뜻합니다.

觀自在菩薩(관자재보살)은 관세음보살님을 가리킵니다. 관(觀)은 '살펴본다', '관찰한다'는 뜻으로, 중생들의 고통과 소리를 두루 헤아려본다는 의미를 지닙니다. 자재(自在)는 자유자재(自由自在)라는 뜻입니다. 곧,

관자재보살은 모든 소리와 중생의 괴로움을 자유자재로 관하시어 구제하시는 분이십니다. 따라서 '관자재보살'이란 곧 '관세음보살님께서'라는 의미로 이해하면 됩니다.

行深般若波羅蜜多時(행심반야바라밀다시)에서 '행(行)'은 '수행(修行)'을, '심(深)'은 '깊음'을, '반야(般若)'는 고대인도어 Prajñā(쁘라냐)로서 '지혜(智慧)'를, '바라밀다(波羅蜜多)'는 Pāramitā(빠라미따)로서 '완성'을, '시(時)'는 '때'를 뜻합니다.

특히 반야는 본래 마하반야(摩訶般若), 즉 크고 위대한 지혜를 가리킵니다. 이는 깨달음의 최고 경지인 아뇩다라삼먁삼보리(阿耨多羅三藐三菩提), 또는 열반(涅槃)을 의미합니다.

따라서 '행심반야바라밀다시'란, '관세음보살님께서 마하반야, 곧 크고 위대한 지혜의 완성(바라밀다)을 위해 깊은 수행을 하고 계실 때'라는 뜻입니다.

照見五蘊皆空(조견오온개공)에서 조견(照見)은 '꿰뚫어본다'는 뜻입니다.

5온(五蘊)은 외면을 나타내는 색(色)과 내면을 나타내는 수(受)·상(想)·행(行)·식(識)이라는 다섯 가지 요소를 가리킵니다.

- 색(色): 눈에 보이는 외형
- 수(受): 감각하고 받아들이는 것
- 상(想): 생각하고 기억하는 것
- 행(行): 의지하고 움직이는 것
- 식(識): 인식하고 분별하는 마음

개(皆)는 '모두', 공(空)은 제행무상(諸行無常), 제법무아(諸法無我), 곧 '모든 것이 끊임없이 변하고 고정된 실체가 없다'는 뜻입니다. 이는 '영원히 변함없이 고정된 실체가 존재한다'는 아트만(Ātman) 사상과는 반대되는 개념입니다.

따라서 '조견오온개공'은, 관세음보살님께서 '색·수·상·행·식, 곧 5온이 모두 공(空)함을 꿰뚫어 보셨다'는 의미입니다. 다시 말해 외면의 모습과 내면의 감정·생각·작용·인식 모두가 끊임없이 변화하며 고정된 실체가 없음을 통찰하셨다는 것입니다.

度一切苦厄(도일체고액)에서 도(度)는 '법도를 깨닫는다'는 뜻이며, 동시에 '건너다', '벗어나다'라는 의미의 '도(渡)'의 뜻도 담고 있습니다. 또한 度는 '헤아린다'라는 뜻의 '탁'으로 읽을 수 있습니다.

일체(一切)는 '모든 것', 고액(苦厄)은 '번뇌와 괴로움'을 가리킵니다.

따라서 '도일체고액'은, '모든 번뇌와 괴로움을 꿰뚫어 보시고 그 법도를 깨달아 해탈(解脫)하셨다'는 뜻이 됩니다.

종합하면

'관세음보살님께서 마하반야, 곧 크고 위대한 지혜의 완성(바라밀다)을 위해 깊은 수행을 하고 계실 때, 5온이 모두 공(空)함을 꿰뚫어 보시고, 모든 번뇌와 괴로움을 뛰어넘어 해탈에 이르셨다'라는 가르침입니다.

자). 따라서 사리자는 '사리뿌뜨라 선생이여!'라는 뜻입니다.

『금강경(金剛經)』을 비롯한 여러 경전 서두에 '如是我聞(여시아문)、一時(일시)、佛在舍衛國(불재사위국)、祇樹給孤獨園(기수급고독원)、與大比丘衆(여대비구중)、千二百五十人俱(천이백오십인구)。'라는 구절이 반복되는데, 이는 석가모니 부처님께서 당시 1,250명의 대비구(수제자)들과 함께 설법하셨음을 나타냅니다.

色不異空(색불이공) 空不異色(공불이색)은 이렇게 가르칩니다.

'색(色)이 공(空)과 다르지 않고, 공이 색과 다르지 않다.'

앞서 5온 가운데 외면을 나타내는 '색(色)'이 공하다는 점을 다시 한번 강조하는 말씀입니다.

겉으로 보이는 모든 형상도, 실은 본질적으로 공함을 떠나지 않습니다.

色卽是空(색즉시공) 空卽是色(공즉시색)은 또다시 이렇

게 깨우쳐 줍니다.

'색이 곧 공이고, 공이 곧 색이다.'

색과 공은 둘이 아닙니다. 색이 따로 있고, 공이 따로 있는 것이 아니라, 바로 이 형상 속에 공이 깃들어 있으며, 공 속에 또한 형상이 존재합니다.

이는 형색(形色)과 공(空)이 둘이 아님을, 다시 한번 깊이 일깨워 줍니다.

受想行識亦復如是(수상행식역부여시)는 이리 말씀합니다.

'수(受), 상(想), 행(行), 식(識) 또한 이와 같다.'

5온 가운데 내면을 구성하는 수·상·행·식 ― 감각하고(受), 생각하고(想), 의지하고 움직이며(行), 인식하고 분별하는 마음(識) ― 이 모든 것 역시, 겉으로 드러나는 색과 다름없이 본질이 공함을 가르칩니다.

종합하면

색(色)은 공(空)과 다르지 않고, 공은 색과 다르지 않다.

색이 곧 공이요, 공이 곧 색이다. 수·상·행·식 또한 모두 이와 같이 공하여, 끊임없이 변하고 고정된 실체로 존재하지 않는다.

수행자에게 전하는 말씀

'겉으로 보이는 형상도, 안으로 일어나는 감정과 생각도, 모두 공(空)임을 깊이 꿰뚫어 보라. 그러할 때, 집착할 것도, 괴로워할 것도 없어진다.'

사리자 존자에게 전하신 이 부처님의 가르침은, 오늘을 사는 우리 수행자에게도 변함없는 진리로 빛나고 있습니다.

깊은 수행을 통해 '색수상행식즉공'의 이치를 꿰뚫어보고, 마하반야, 곧 크고 위대한 지혜의 완성(바라밀다)을 이루어, 모든 번뇌와 괴로움에서 벗어나서 절대 행복을 주는 극락세계를 구경하시기를 발원합니다.

- 제3장 -
제법공상(諸法空相)

舍利子(사리자)
是諸法空相(시제법공상)
不生不滅(불생불멸)
不垢不淨(불구부정)
不增不減(부증불감)

舍利子(사리자), 곧 '사리뿌뜨라 선생이여!' 부처님께서는 설법 중 다시 한번 제자인 사리자(舍利子)를 부르십니다. 깊은 가르침을 가장 먼저 듣고 깨달을 제자를 부르는 부처님의 자비 어린 부름입니다.

是諸法空相(시제법공상)에서 시(是)는 '이것', 제(諸)는 '모든', 법(法)은 부처님의 가르침이자 이 세상의 모든 현상, 상(相)은 '모습'을 뜻합니다.

따라서 '시제법공상(是諸法空相)'은 '이 모든 현상은 공(空)의 모습을 지니고 있다.' 모든 존재, 모든 현상은 본래 공하여 고정된 실체 없이 끊임없이 변화함을 가리킵니다.

不生不滅(불생불멸)은 '생겨남도 없고, 사라짐도 없다.' 겉으로 보기에는 생하고 멸하는 것 같지만, 본질은 공하여 생겨나는 것도, 없어지는 것도 없습니다.

不垢不淨(불구부정)은 '더러움도 없고, 깨끗함도 없다.' 더럽다고 집착할 것도 없고, 깨끗하다고 집착할 것도 없습니다. 모든 것은 공하여, 본래 청정하고 물들지 않습니다.

不增不減(부증불감)은 '늘어남도 없고, 줄어듦도 없다.' 무엇이 늘어나거나 줄어든다고 애쓰며 집착할 것도 없습니다.

공의 세계에서는 증감(增減) 또한 허망한 것입니다.

종합하면
부처님께서는 사리자에게 이렇게 전하십니다.

'이 세상의 모든 것은 공하여, 생겨남도 없고, 사라짐도 없으며, 더러움도 없고, 깨끗함도 없고, 늘어남도 없고, 줄어듦도 없다.'

모든 존재는 제행무상(諸行無常)하고 제법무아(諸法無我)하여, 끊임없이 변화하고 고정된 실체가 없기에, 생멸(生滅), 청탁(淸濁), 증감(增減)이라는 집착도 결국은 허상에 불과합니다.

수행자에게 전하는 말씀

'현상의 이면을 꿰뚫어 보라. 생멸에도 집착하지 말고, 청탁에도 얽매이지 말라. 증감에도 머무르지 말라. 모든 것은 본래 공하여, 자유롭다.'

이 깊은 공(空)의 진리를 마음에 새기고, 집착, 욕망, 번뇌 그리고 궁극적으로 모든 괴로움을 벗어나, 절대 행복을 주는 깨달음의 최고 경지를 향해 한 걸음 한 걸음 나아가기를 발원합니다.

- 제4장 -
공중무오온무육근무육경무육식
(空中無五蘊無六根無六境無六識)

是故(시고)
空中無色(공중무색)
無受想行識(무수상행식)
無眼耳鼻舌身意(무안이비설신의)
無色聲香味觸法(무색성향미촉법)
無眼識界(무안식계)
乃至(내지)
無意識界(무의식계)

是故(시고)는 '그러므로'라는 뜻입니다. 앞서 설하신 깊은 진리를 바탕으로, 부처님께서는 이제 다음 가르침을 이어가십니다.

空中無色(공중무색)이란, '공 가운데에서는 5온 가운

데 외면을 나타내는 색(色)은 끊임없이 변하며 고정된 실체가 존재하지 않는다'라는 뜻입니다.

　無受想行識(무수상행식)은, 보다 엄밀히 말하면 空中無受想行識(공중무수상행식)을 의미합니다. 곧, 5온 가운데 내면을 나타내는 수(受), 상(想), 행(行), 식(識) 또한 공 가운데에서는 본질적으로 끊임없이 변하며, 고정된 실체가 존재하지 않는다는 뜻입니다.

　無眼耳鼻舌身意(무안이비설신의) 역시, 보다 정확히는 空中無眼耳鼻舌身意(공중무안이비설신의)를 뜻합니다.

　여기서 眼(안)은 시각, 耳(이)는 청각, 鼻(비)는 후각, 舌(설)은 미각, 身(신)은 신체 감각, 意(의)는 의식을 가리키며, 감각기관을 나타내는 이 여섯 가지를 6근(六根)이라 부릅니다.

　결국, 공 가운데에서는 이 6근, 곧 안·이·비·설·신·의 또한 본질적으로 끊임없이 변하며 고정된 실체가 존재하지 않는다는 의미입니다.

　無色聲香味觸法(무색성향미촉법) 역시, 엄밀히는 空中無色聲香味觸法(공중무색성향미촉법)을 뜻합니다.

여기서 色(색)은 형색(形色), 聲(성)은 소리(聲音), 香(향)은 냄새, 味(미)는 맛, 觸(촉)은 피부의 감촉, 法(법)은 의식의 대상을 가리킵니다. 감각대상을 나타내는 이 여섯 가지를 6경(六境)이라 부릅니다.

따라서 '공 가운데에는 6경, 즉 색·성·향·미·촉·법도 끊임없이 변하며 고정된 실체가 존재하지 않는다'라는 뜻입니다.

無眼識界(무안식계) 乃至(내지) 無意識界(무의식계)는, 정확히는 空中無眼識界(공중무안식계) 乃至(내지) 空中無意識界(공중무의식계)를 의미합니다.

여기서,

- 眼識(안식): 시각 인식
- 耳識(이식): 청각 인식
- 鼻識(비식): 후각 인식
- 舌識(설식): 미각 인식
- 身識(신식): 신체 감각 인식
- 意識(의식): 생각하고 분별하는 마음

인식작용을 나타내는 이 여섯 가지를 6식(六識)이라 합니다.

결국 이 6식 역시, 공 가운데에서는 본질적으로 끊임없이 변하며 고정된 실체가 존재하지 않는다는 점을 밝히는 것입니다.

여기서 표현을 간결하게 하기 위해, 6식의 첫 번째 요소인 안식(眼識)세계에서 시작하여 마지막 요소인 의식(意識)세계까지 일괄하여 모두 공 가운데에서는 끊임없이 변하며 고정된 실체는 존재하지 않음을 '乃至(내지)'라는 단어로 연결해 나타낸 것입니다.

다만, 현장 법사의 번역에서는 이 부분을 간결히 표현하면서 '식(識)' 자가 누락되어 無眼界(무안계)로 기록되어 있습니다.

이는 원래 뜻을 고려할 때, 無眼識界(무안식계)로 표현하는 것이 자연스럽습니다.

종합하면
부처님께서는 사리자에게 이렇게 일깨워 주십니다.

'겉으로 드러나는 형상도, 안으로 일어나는 감각과 생각도, 이를 인식하는 기관과 그 대상까지도, 모두 본래 공하여 끊임없이 변하며 고정된 실체가 없다.'

색·수·상·행·식, 감각 기관과 감각 대상, 인식 작용마저도 모두 끊임없이 변하고 고정된 실체가 없는 공(空)임을 밝히고 계십니다. 공 가운데에서 모든 것은 본래 자유롭고 걸림이 없습니다.

수행자에게 전하는 말씀

'눈에 보이는 것에 집착하지 말라. 귀로 들리는 것에 휘둘리지 말라. 마음에 일어나는 감정과 생각에도 머무르지 말라. 모든 것은 본래 공(空)하여, 자유롭다.'

이 깊은 깨달음 위에 서서, 모든 집착을 놓고, 모든 욕망과 번뇌를 벗어나서 궁극적으로 모든 괴로움의 완전한 소멸과 해탈의 길로 나아가기를 발원합니다.

- 제5장 -
공중무십이연기(空中無十二緣起)

無無明(무무명)
亦無無明盡(역무무명진)
乃至(내지)
無老死(무로사)
亦無老死盡(역무로사진)

이 구절은, 부처님의 가르침인 연기법(緣起法)의 열두 가지 모든 요소 또한 공(空) 가운데에서는 본질적으로 끊임없이 변하며, 고정된 실체가 존재하지 않는다는 점을 밝히고 있습니다.

12연기란, 무명(無明) ⇨ 행(行) ⇨ 식(識) ⇨ 명색(名色) ⇨ 6처(六處) ⇨ 촉(觸) ⇨ 수(受) ⇨ 애(愛) ⇨ 취(取) ⇨ 유(有) ⇨ 생(生) ⇨ 노사(老死), 이렇게 열두 가지

요소로 구성됩니다.

이는 무명(無明)으로부터 노사(老死)에 이르기까지, 모든 존재와 삶의 과정을 인과(因果)로 설명하는 부처님의 가르침으로, 12인연(十二因緣) 또는 12유지(十二有支)라고도 불립니다.

여기서 유지(有支)란, '존재를 구성하는 가지(支)', 곧 윤회하는 삶을 이루는 12단계를 의미합니다.

無無明(무무명) 亦無無明盡(역무무명진)은, 보다 정확히 말하면 空中無無明(공중무무명) 亦空中無無明盡(역공중무무명진)을 뜻합니다.

곧, '공 가운데에서는 무명(無明)도 끊임없이 변하며 고정된 실체가 존재하지 않고, 또한 무명이 소멸하는 것도 고정불변의 실체로 존재하지 않는다.'

무명(無明)이란 올바른 지혜가 없는 어리석음을 말합니다.

역(亦)은 '또한'을, 진(盡)은 '없어짐'을 뜻합니다.

따라서 이 문구는, '공 가운데에서는 무명도 끊임

없이 변하며 고정된 실체가 존재하는 것도 아니요, 또한 무명이 소멸하는 것도 고정불변이 아니다'라는 의미를 담고 있습니다.

乃至(내지)는, 12연기의 모든 요소를 하나하나 열거하면 문장이 너무 길어지기 때문에, 첫 번째 요소인 무명(無明)에서 시작하여 마지막 요소인 노사(老死)까지 이어진다는 뜻을 압축해서 나타낸 표현입니다.

곧, '무명에서 노사에 이르기까지 모두'라는 의미를 간결하게 전하는 말입니다.

無老死(무로사) 亦無老死盡(역무로사진)은, 보다 엄밀히 말하면 空中無老死(공중무로사) 亦空中無老死盡(역공중무로사진)을 뜻합니다.

곧, '공 가운데에는 노사(老死), 곧 늙음과 죽음도 끊임없이 변하며 고정된 실체는 존재하지 않고, 또한 늙음과 죽음이 소멸하는 것도 끊임없이 변하며 고정된 실체는 존재하지 않는다.'

노사(老死)는 존재하는 생명체가 늙고 죽는 과정을

뜻합니다.

  그러나 공의 진리에서는 늙음도, 죽음도, 그 소멸조차 본질적으로 끊임없이 변하며 고정된 실체로서 존재하지 않습니다.

  종합하면
  부처님께서는 사리자에게 이와 같이 설하십니다.
  '윤회의 과정인 12연기의 모든 요소들, 무명에서 시작하여 노사에 이르기까지, 공 가운데에서는 본래 끊임없이 변하며 고정된 실체가 없으므로, 존재하는 것도 아니고, 소멸하는 것도 아니다.'
  모든 생멸과 윤회조차도, 공의 세계에서는 고정불변의 실체가 없습니다.
  집착할 것도, 두려워할 것도 없습니다.

수행자에게 전하는 말씀

  '윤회의 사슬조차 본래 끊임없이 변하며 고정된 실체가 없음을 깨달으라. 무명도, 늙음과 죽음도, 그

소멸조차도 본래 공하니, 참된 자유는 이미 그대 안에 있다.'

공(空)의 이치를 온전히 체득하여, 6도윤회(六度輪廻)의 번뇌와 괴로움에서 벗어나서 절대 행복을 주는 깨달음의 최고 경지를 향해 나아가기를 발원합니다.

- 제6장 -
공중무고집멸도(空中無苦集滅道)

無苦集滅道(무고집멸도)
無智亦無得(무지역무득)

無苦集滅道(무고집멸도)는, 보다 정확히 말하면 空中無苦集滅道(공중무고집멸도)를 의미합니다.

즉, 공(空) 가운데에는 고집멸도(苦集滅道) — 곧 4성제(四聖諦) — 도 끊임없이 변하며, 고정된 실체로 존재하지 않는다는 뜻입니다.

여기서 4성제란 다음을 가리킵니다.

- 고성제(苦聖諦): 괴로움의 실상
- 집성제(集聖諦): 괴로움의 원인
- 멸성제(滅聖諦): 괴로움의 소멸

- 도성제(道聖諦): 괴로움을 없애는 길

  깨달음의 52단계 여정에서, 깨달음의 최고 경지에 이르러 극락세계(極樂世界)를 구경(究竟)하기 위해서는, 반드시 4성제와 8정도(八正道)를 깊이 이해하고 몸과 마음에 지니어야 합니다. 그 위에 6바라밀다(六波羅蜜多)의 실천 수행을 더해야 비로소 마하반야(摩訶般若), 곧 크고 위대한 지혜를 완성할 수 있고, 절대 행복을 주는 깨달음의 최고 경지를 향한 길이 열립니다. (보다 상세는 『불교에서 배우는 절대 행복론, 인생의 목적은 무엇인가』(2쇄, 비움과채움, 2025)를 참고하시기 바랍니다.)

1. 괴로움의 실상: 고성제(苦聖諦)

  중생의 세계는 괴로움(苦)으로 가득 차 있습니다. 사는 것 자체가 괴로움이며, 늙고, 병들고, 죽는 것 또한 괴로움입니다. 이 네 가지 괴로움은 생·로·병·사(生老病死)로 요약되며, 이를 4고(四苦)라 부릅니다.

  여기에 다음 네 가지 괴로움을 더합니다.

- 사랑하는 이와 헤어지는 것
- 미워하는 이와 마주치는 것
- 원하는 것을 얻지 못하는 것
- 5온(五蘊: 색·수·상·행·식)이 본래 공(空)하다는 이치를 깨닫지 못하는 것

이 네 가지를 합치면 총 여덟 가지 괴로움, 즉 8고(八苦)가 됩니다. 이것이 바로 '괴로움이 존재한다'라는 진리, 곧 고성제(苦聖諦)입니다.

2. 괴로움의 원인: 집성제(集聖諦)

그렇다면, 괴로움은 어디서 비롯되는가?

그 뿌리는 번뇌(煩惱)에 있으며, 번뇌는 욕망에서 생기고, 욕망은 집착에서 생겨납니다.

보고 싶은 것, 듣고 싶은 것, 갖고 싶은 것 — 이 모든 것에 대한 끊임없는 집착은, 욕망을 불러일으키고, 욕망은 번뇌로 이어져 결국 자신을 괴롭히고,

때로는 삶을 포기하고 싶은 마음마저 불러일으킵니다.

이처럼 괴로움이 생겨나는 원인에 대한 진리를 집성제(集聖諦)라 합니다.

3. 괴로움의 소멸: 멸성제(滅聖諦)

그러나 희망은 있습니다. 번뇌의 뿌리인 욕망을 제거하고, 욕망의 뿌리인 집착을 버리면, 괴로움은 자연히 사라집니다.

이 괴로움이 사라진 경지를 설명하는 것이 바로 멸성제(滅聖諦)입니다.

4. 괴로움을 없애는 길: 도성제(道聖諦)

집착을 없앰으로써 욕망, 번뇌, 그리고 궁극적으로 모든 괴로움을 소멸하기 위해 실천해야 할 길이 있습니다.

그것이 바로 8정도(八正道)입니다.

8정도는, 몸과 말, 그리고 마음을 올바르게 다듬

어 가는 여정입니다.

- 정견(正見) – 올바른 견해
- 정사유(正思惟) – 올바른 생각
- 정어(正語) – 올바른 말
- 정업(正業) – 올바른 행위
- 정명(正命) – 올바른 생업
- 정정진(正精進) – 올바른 노력
- 정념(正念) – 올바른 마음챙김
- 정정(正定) – 올바른 집중과 선정

이 여덟 가지 길을 실천하는 삶은, 집착, 욕망, 번뇌 그리고 궁극적으로 모든 괴로움을 소멸시키는 길이며, 그 자체로 도성제(道聖諦)입니다.

無智亦無得(무지역무득)은, 보다 엄밀히 말하면 空中無智亦空中無得(공중무지역공중무득)을 의미합니다.
곧, '공(空) 가운데에서는 지혜도 끊임없이 변하고 고

정된 실체로 존재하지 않으며, 또한 공 가운데에서는 지혜를 얻음도 고정불변의 실체로 존재하지 않는다.'

지(智)는 마하반야, 곧 크고 위대한 지혜(智慧)를, 득(得)은 '그 지혜를 얻음'을 가리킵니다.

하지만 공 가운데에서는, 지혜조차도 끊임없이 변하고 고정된 실체가 아니며, 얻음과 잃음 또한 본래 공한 것입니다.

종합하면
부처님께서는 사리자에게 이와 같이 설하십니다.
'괴로움과 그 원인, 괴로움의 소멸과 소멸로 가는 길, 이 모든 4성제조차 공(空) 가운데에서는 본래 끊임없이 변하고 고정된 실체가 존재하지 않으며, 지혜도, 지혜를 얻음도 본래 공하다.'

공의 진리 위에서는, 성스러운 진리마저 끊임없이 변하며, 고정된 실체가 없습니다. 모든 법은 공하며, 집착할 대상이 아닙니다.

수행자에게 전하는 말씀

'괴로움도, 괴로움의 소멸도, 지혜도, 지혜를 얻음도, 본래 공하니, 집착하지 말고, 자유롭게 나아가라.'

이 깊은 공(空)의 가르침을 온전히 체득하여, 깨달음의 최고 경지에 이르러 절대 행복을 주는 극락세계에 들어가기를 발원합니다.

- 제7장 -
원리일체전도몽상
(遠離一切顚倒夢想)

以無所得故(이무소득고)

菩提薩埵(보리살타)

依般若波羅蜜多故(의반야바라밀다고)

心無罣碍(심무괘애)

無罣碍故(무괘애고)

無有恐怖(무유공포)

遠離一切顚倒夢想(원리일체전도몽상)

究竟涅槃(구경열반)

以無所得故(이무소득고)에서 '무소득(無所得)', 곧 지혜를 얻음이 없으므로, 본래 얻을 것도, 잃을 것도 없는 자리에서 수행이 이어집니다.

菩提薩埵(보리살타)는, 깨달음의 최고 경지에 이르

기 위해 수행하는 이를 뜻합니다. 본래 고대 인도어 Bodhisattva(보디사뜨바)의 음을 한자로 옮긴 말입니다. 줄여서 보살이라 부릅니다.

依般若波羅蜜多故(의반야바라밀다고)에서 반야(般若)는 지혜(智慧), 엄밀히는 마하반야(摩訶般若), 곧 크고 위대한 지혜인 아뇩다라삼먁삼보리 또는 열반을, 바라밀다(波羅蜜多)는 완성을 의미합니다. 결국, 마하반야를 완성(바라밀다)하게 되면, 다음과 같은 경지가 펼쳐집니다.

心無罣碍(심무괘애)는 '마음에 걸림이 없어지고'라는 뜻입니다. 罣碍(괘애)란, 마음이 무엇인가에 걸려 자유롭게 흐르지 못하고, 장애가 되어 막히는 상태를 말합니다. 罣碍를 간혹 '가애'로 잘못 읽는 경우가 있으나, 표준 발음은 '괘애'입니다.

마하반야, 곧 크고 위대한 지혜의 완성(바라밀다)을 통해, 이 괘애가 사라져 마음이 자유롭게 흐릅니다.

無罫碍故(무괘애고)는 '마음에 걸림이 없으므로'입니다. 걸림이 없기 때문에, 마음은 막힘없이 열리고 평화롭게 머물게 됩니다.

無有恐怖(무유공포)는 '공포심을 가짐이 없어집니다.'
무엇에도 두려워하거나 떨지 않는, 참된 평정(平靜)의 경지에 이릅니다.

遠離一切顚倒夢想(원리일체전도몽상)은 '일체의 전도몽상(顚倒夢想)에서 멀리 벗어나게 됩니다.'
전도몽상이란, 참된 이치를 거꾸로 보고, 허망한 꿈과 같은 생각에 빠진 상태를 가리킵니다.

우리나라에 전해진 반야심경에서는 '遠離顚倒夢想(원리전도몽상)'으로 표기되어 있지만, 일본에 전해진 반야심경에서는 '遠離一切顚倒夢想(원리일체전도몽상)'으로 표현되어 있습니다.
'一切(일체)'가 포함된 표현이 더욱 정확하며, 모든

- 제9장 -
대신대명무상무등등주
(大神大明無上無等等呪)

故知(고지)
般若波羅蜜多(반야바라밀다)
是大神呪(시대신주)
是大明呪(시대명주)
是無上呪(시무상주)
是無等等呪(시무등등주)
能除一切苦(능제일체고)
眞實不虛(진실불허)

故知(고지)는 '그러므로 우리는 알 수 있다'라는 뜻입니다.

般若波羅蜜多(반야바라밀다)는 보다 엄밀히 말하면

摩訶般若波羅蜜多(마하반야바라밀다)를 의미합니다. 곧, '크고 위대한 지혜의 완성'을 뜻합니다.

是大神呪(시대신주)는 모든 괴로움을 없애고 최고의 깨달음에 이르게 하는, 위대하고 신령한 진언을 의미합니다. 是(시)는 '이것'이라는 뜻입니다.

是大明呪(시대명주)는 모든 어둠을 깨뜨리고 지혜의 빛으로 인도하는, 위대한 밝은 주문을 뜻합니다.

是無上呪(시무상주)는 더할 나위 없이 뛰어난, 최고의 주문을 의미합니다.

是無等等呪(시무등등주)는 견줄 만한 것이 전혀 없는, 절대적인 주문을 뜻합니다.

能除一切苦(능제일체고)란 크고 위대한 지혜의 완성(마하반야바라밀다)이 중생의 모든 괴로움을 능히 소멸시킬 수 있다는 의미입니다.

眞實不虛(진실불허)란 이 진언은 참되고 거짓이 없으며, 확실한 진리임을 뜻합니다.

종합하면
크고 위대한 지혜의 완성(摩訶般若波羅蜜多, 마하반야바라밀다)은 모든 괴로움을 완전히 소멸시키고, 마침내 깨달음의 최고 경지에 이르게 하며, 어둠을 밝히는 지혜의 빛이 되고, 더할 나위 없이 뛰어나며, 견줄 만한 것이 전혀 없는 절대적인 진언임을 우리는 알 수 있습니다.

수행자에게 전하는 말씀

삼세의 모든 부처님들께서도 스스로의 힘만으로 깨달음에 이르신 것이 아니라, 마하반야, 곧 크고 위대한 지혜의 완성(바라밀다)을 통해 마침내 깨달음의 최고 경지에 도달하셨습니다.

이는 우리 수행자들에게 분명한 가르침을 전해줍니다.

수행의 길에서 힘들고 답답할 때마다 자신의 한계를 탓하거나 주저하지 말고, 오직 마하반야, 곧 크고 위대한 지혜의 완성(바라밀다)을 위해 한 걸음 한 걸음 나아가야 합니다.

모든 번뇌와 괴로움을 완전히 소멸시키고, 지혜의 빛으로 어둠을 밝히며, 깨달음의 최고 경지에 도달하게 하는 이 위대한 진언을 마음 깊이 새기고 실천해 나가야 할 것입니다.

'마하반야, 곧 크고 위대한 지혜의 완성(바라밀다)을 통해, 모든 번뇌와 괴로움을 완전히 소멸시키고, 마침내 깨달음의 최고 경지에 이르러, 절대 행복을 주는 극락세계에 들어가라.'

수행자에게 전하는 말씀

이 진언은 단순한 말의 나열이 아닙니다. 삼세의 모든 부처님들께서도 '크고 위대한 지혜의 완성(摩訶般若波羅蜜多, 마하반야바라밀다)'을 통해 해탈을 이루셨듯, 우리 수행자들도 이 진언을 마음 깊이 새기고 실천함으로써 모든 번뇌와 괴로움의 세계를 건너, 마침내 저편에 있는 깨달음의 최고 경지, 곧 절대 행복을 이루는 극락세계에 들어가야 합니다.

수행이 힘들고 괴로울 때마다 이 진언을 기억하십시오.

'가라, 가라, 저편으로, 온전히 저편으로, 깨달음이여, 성취되었도다!'

이 외침 속에 모든 수행자의 길이 담겨 있습니다.

'마하반야, 곧 크고 위대한 지혜의 완성(바라밀다)을 통해, 모든 번뇌와 괴로움의 바다를 건너, 마침내 깨달음의 최고 경지에 이르러, 영원불변한 절대 행복의 세계, 곧 극락세계에 들어가라.'

부록: 불교 기본 용어 사전

공(空)

모든 존재는 끊임없이 변화하며, 고정된 실체가 없고 다만 작용만이 있을 뿐이라는 사상입니다. 영원히 변하지 않고 고정불변의 실체가 존재한다는 아트만(Ātman)의 반대 개념입니다. 이는 제행무상(諸行無常), 제법무아(諸法無我)와 동일한 개념입니다. 산스크리트어로는 Śūnyatā(순야타)입니다.

만물은 연기(緣起)에 의해 존재하고 작용하므로, 변하지 않는 실체가 존재할 수 없다는 것입니다. 즉 작용은 있지만 실체는 없다는 관점입니다. 예를 들어 꿈을 꾸는 동안 꿈속의 마음 작용은 있으나 실체는 없듯, 모든 현상이 그러하다는 이치입니다. 공(空)은 『반야심경』의 핵심 사상입니다.

구족색신(具足色身), 구족제상(具足諸相)

모든 색신(色身)과 상(相)을 완전히 갖추었다는 뜻입니다. '색신을 갖추었다'는 것은 잘 생긴 신체 부위 여든 가지를, '제상을 갖추었다'는 것은 특별히 뛰어난 서른두 가지의 특징을 말합니다. 이 둘을 합쳐 상호(相好)라고 부릅니다.

멸도(滅度)

번뇌와 괴로움을 소멸시켜 깨달음의 최고 경지인 아뇩다라삼먁삼보리(阿耨多羅三藐三菩提)에 이르고, 열반(涅槃)에 드는 것을 의미합니다.

목련존자, 목건련

목건련(산스크리트어: Maudgalyāyana, 팔리어: Moggallāna)은 석가모니 부처님의 10대 제자 중의 한 사람으로, 사리불(舍利弗, 사리뿌뜨라, Sariputra)과 마찬가지로 마가

다국의 브라만 가문에서 태어났습니다. 본래 이름은 콜리타(Kolita)이며, '모드갈야야나'라는 이름은 그의 어머니 씨족의 이름에서 유래한 것입니다. 어릴 적부터 사리불과 막역한 친구로 지내며, 함께 철학과 진리 탐구에 열중했던 동반자였습니다.

목건련과 사리불은 일찍이 산자야(Sañjaya)라는 당대의 저명한 스승 아래에서 수행했으나, 그의 가르침에서는 참된 해탈의 길을 찾지 못하고 방황했습니다. 그러던 중 사리불이 석가모니 부처님의 제자인 아사지 존자를 만나 그의 가르침에 크게 감명받아 깨달음을 얻게 되었고, 이 소식을 들은 목건련 또한 아사지를 찾아가 법문을 들은 뒤, 두 사람은 함께 석가모니 부처님께 귀의해 출가하였습니다. 목건련은 출가 후 단 7일 만에 아라한과를 증득했다고 전해지는데, 이는 그의 탁월한 수행력과 전생(前生)에서 닦아온 깊은 선근(善根)을 잘 보여줍니다.

석가모니 부처님의 제자들 가운데 목건련은 '신통

제일(神通第一)'로 불렸습니다. 이는 그가 삼매(三昧, 선정(禪定)의 하나) 수행과 계율, 보살행을 통해 여섯 가지 초능력을 가장 자유자재로 발현한 제자였음을 의미합니다. 목건련이 구사한 신통력은 다음과 같습니다.

- 신족통(神足通): 공간을 마음대로 이동하고, 물 위를 걷거나 공중을 나는 능력
- 천이통(天耳通): 천상의 소리나 먼 곳, 다른 존재들의 말을 듣는 능력
- 타심통(他心通): 타인의 마음과 생각을 읽는 능력
- 숙명통(宿命通): 자신의 전생을 기억하는 능력
- 천안통(天眼通): 6도윤회에 따른 중생들의 과보를 꿰뚫어 보는 눈
- 누진통(漏盡通): 모든 번뇌를 끊어 아라한의 경지에 이른 상태

목건련은 이 모든 능력을 단순한 기적적 힘으로 쓰지 않고, 중생을 교화하기 위한 방편으로 삼았습니다. 실제로 다른 제자들이 설득하지 못한 난폭한 수행자를 신통으로 감화시켜 불법에 귀의하게 했으며, 석가모니 부처님을 모욕하던 인도의 다른 교단을 경책하기 위해 공중에 떠올라 연기를 내뿜음으로써 그들의 오만을 꺾고 경청하게 만들었습니다. 또한 망자의 세계를 탐문하여 자신의 어머니의 업보를 살펴본 일화는 울란분절(盂蘭盆節)의 연원이 되기도 했습니다.

무명(無明)

올바른 지혜가 없는 어리석음을 말합니다. 산스크리트어 Avidyā(아비디야)의 번역으로, 번뇌의 근원인 무지(無知)를 뜻합니다. 12연기법(十二緣起法)에서는 모든 번뇌와 괴로움의 발생 원인으로 무명을 첫 단계에 둡니다.

무상(無常)

상(常)은 항상(恒常), 곧 영원한 고정불변을 의미합니다. '무상'은 '상'의 반대말입니다.

결국, 무상은 영원히 변하지 않는 고정불변의 실체, 곧 아트만(ātman)의 반대 개념으로, 제행무상(諸行無常), 곧 모든 존재는 끊임없이 변화하며 동일한 상태로 머무르지 않는다는 뜻입니다. 이는 제법무아(諸法無我)와 동일한 개념이며, 산스크리트어로는 Anitya(아닛야)입니다.

무아(無我)

'아(我)'는 고대 산스크리트어 Ātman(아트만)의 첫 글자 음을 한자로 옮긴 것으로, 고정불변의 실체라는 뜻입니다. 무아는 그 반대 개념으로, 제법무아(諸法無我), 곧 모든 존재나 현상은 끊임없이 변하고 고정된 실체는 존재하지 않는다는 의미입니다. 이는 제행무상(諸行無常)과 동일한 개념이며, 산스크리트어로는

Anātman(안아트만)입니다.

무유정법(無有定法)

유정법(有定法)의 반대 개념으로, 고정된 법(法), 곧 변하지 않는 진리는 없다는 뜻입니다. 법(法)에 집착하면 유정법(有定法), 유위법(有爲法), 유루지견(有漏之見)에 빠지게 됩니다. 반대로 법상(法相)과 법에 대한 집착이 사라지면 무유정법, 무위법, 무루지견(無漏之見)의 경지를 체득할 수 있습니다.

무위법(無爲法)

유위법(有爲法)의 반대 개념으로, 연기법에 의해 생멸하지 않고 조작됨이 없는 법을 말합니다. 변화하지 않으며 본래 상태로 머무는 것으로, 열반이 대표적인 예입니다.

문법심(聞法心)

석가모니 부처님의 가르침에 대한 설법을 듣고자 하는 마음을 말합니다. 깨달음의 최고 경지에 이르기 위한 첫 단계인 신심결정(信心決定)에 들기 위해서는, 평소에 선지식(善知識)으로부터 부처님의 가르침에 관한 설법을 듣고 경전을 읽으며, 이를 수지독송하는 것이 필요합니다. 따라서 문법심을 지니는 것은 매우 중요합니다.

바라밀다(波羅蜜多)

바라밀다(波羅蜜多)는 산스크리트어 *Pāramitā*(빠라미따)의 음역으로, '피안(彼岸)에 도달함'이라는 뜻입니다. 이는 번뇌와 괴로움의 현실 세계인 차안(此岸)에서 부처의 깨달음 세계인 피안(彼岸)으로 건너가기 위한 수행의 '완성'을 의미합니다.

일반적으로 여섯 가지 수행 덕목인 6바라밀다(六波羅蜜多) – 보시(布施), 지계(持戒), 인욕(忍辱), 정진(精進),

선정(禪定), 지혜(智慧) – 를 실천 방법으로 제시합니다.

중국의 위진시대 고승 구마라지바(Kumārajīva, 344-413)는 『금강경』을 번역할 때 *Pāramitā*(빠라미따)를 바라밀(波羅蜜)로 음역하였고, 약 200여 년 뒤 당나라의 고승 현장법사(玄奘法師, 602-664)는 『반야심경』을 번역하면서 이를 바라밀다(波羅蜜多)로 음역하였습니다. '바라밀다'는 '바라밀'보다 원래의 고대 인도어 발음에 더 가까운 형태입니다.

반야심경(般若心經)

『반야심경』은 본래 『마하반야바라밀다심경(摩訶般若波羅蜜多心經)』이라 하며, '크고 위대한 지혜의 완성, 그 핵심을 설한 경전'이라는 뜻입니다.

- 마하(摩訶): 절대적인 의미의 '크고 위대한'의 음역
- 반야(般若): 산스크리트어 Prajñā(쁘라냐)의 음역,

지혜
- 바라밀다(波羅蜜多): Pāramitā(빠라미따)의 음역, 완성
- 심(心): 핵심
- 경(經): 경전

반야심경은 당나라의 고승 현장법사(602-664)가 부처님의 핵심 가르침을 한자로 번역하여 정리한 경전입니다. 그러나 현장 법사의 번역본에는 일부 표현이 누락되어 있습니다.

첫째, '無眼界 乃至 無意識界'라는 구절은 인식작용을 나타내는 6식(六識) 중에서 안식(眼識)을 설명하는 부분에서 '식(識)' 자가 빠져 있습니다. 정확하게는 '無眼識界 乃至 無意識界'로 표기되어야 의미가 온전히 전달됩니다.

둘째, 이 경전이 중국에서 우리나라로 전해지는 과정에서 '遠離顚倒夢想 究竟涅槃'이라는 구절에서 '일

체(一切)'라는 중요한 단어가 누락되어 있습니다. 따라서 '遠離一切顚倒夢想 究竟涅槃'으로 수정되어야 내용상 더욱 완전합니다. 참고로, 일본에 전해진 반야심경에는 '일체'가 포함되어 있습니다.

이러한 이유로, 현재 우리나라에서 널리 독송되고 있는 반야심경은 총 260자로 구성되어 있으나, 실제로는 263자로 보완되어야 할 필요가 있습니다.

범부(凡夫)

지혜가 부족하고 바른 이치를 깨닫지 못한 어리석은 중생을 말합니다.

법(法)

부처님의 가르침으로, 경(經), 율(律), 논(論)의 3장(三藏)을 포함합니다. 산스크리트어로는 Dharma(달마)입니다. 불(佛), 승(僧)과 함께 3보(三寶)를 구성합니다.

법상(法相)

법(法), 곧 모든 현상의 있는 그대로의 모습을 말합니다. 이것을 올바르게 인식함으로써 번뇌와 괴로움을 끊고 깨달음(보리)에 이르는 길을 걷게 됩니다.

보살(菩薩)

산스크리트어 Bodhisattva(보디사뜨바)의 음역어 보리살타(菩提薩埵)의 준말입니다. 깨달음을 구하여 수행하는 이로서, 원래는 석가모니 부처님께서 수행하고 계실 때 불린 명칭입니다. 깨달음의 52단계 가운데 51단계, 곧 등정각(等正覺)에 이른 미륵보살(彌勒菩薩), 관세음보살(觀世音菩薩), 지장보살(地藏菩薩)이 대표적인 보살입니다. 현재는 수행하는 사람 전체를 보살이라 부르기도 합니다.

보시(布施)

6바라밀다 가운데 첫 번째로, 자비심으로 남에게

조건 없이 베푸는 수행입니다.

- 3보시(三布施): 법보시, 재물보시, 무외시
- 3륜상(三輪相): 보시하는 사람, 받는 사람, 보시물
- 유상보시(有相布施): 생색을 내면서 베푸는 보시
- 무주상보시(無住相布施): 생색을 내지 않고 순전히 자비심에서 나온 참된 보시

불(佛), 불타(佛陀)

불타(佛陀)는 산스크리트어 Buddha(붓다)의 음역으로, 깨달음의 최고 경지에 이른 이를 뜻합니다. 불(佛)은 불타(佛陀)의 준말입니다. 일반적으로 석가모니 부처님을 가리킵니다. 한자로는 무상각자(無上覺者), 정각자(正覺者)라고도 표기합니다. 불교(佛敎)는 '석가모니 부처님의 가르침'을 뜻합니다. 불교에 따르면 모든 중생은 부처가 될 가능성을 지닌다고 봅니다.

불성(佛性)

부처가 될 수 있는 본성 또는 가능성을 말합니다. 산스크리트어 Buddhatva(붓다뜨바). 모든 중생은 불성을 갖고 있으며, 이를 '일체중생실유불성(一切衆生悉有佛性)'이라 합니다.

비구(比丘), 비구니(比丘尼)

출가 수행자로, 구족계(具足戒)를 받은 20세 이상의 남자, 여자를 각각 비구, 비구니라 합니다. 산스크리트어 Bhikṣu(빅수)에서 유래하였으며, '걸식하는 자'를 뜻합니다. 초기 승려는 3의1발(三衣一鉢: 세 가지 옷과 하나의 발우) 외에는 소유하지 않았으며, 분소의(糞掃衣)와 탁발로 생계를 유지하였습니다.

4구게(四句偈)

네 구절로 이루어진 게송(偈頌)을 말합니다. 하나의

구(句)는 한자 기준 약 3~10자로 구성되며, 네 개의 구를 모아 하나의 게송을 이루기에 '4구게'라고 부릅니다. 이는 불교 경전에서 교리나 수행의 요점을 간결하게 전달하는 형식으로 널리 활용됩니다.

사리자(舍利子), 사리불(舍利弗)

사리불(산스크리트어: Śāriputra, 팔리어: Sāriputta)은 석가모니 부처님의 10대 제자 가운데 한 사람으로, '지혜제일(智慧第一)'이라 불리며 초기 불교 수행 공동체의 중심 인물이자 부처님의 수제자로 존중받았습니다.

그의 이름 '사리불'은 어머니의 이름인 '사리(舍利, Śārī)'에서 유래하여, '사리의 아들'이라는 뜻을 지닙니다. 팔리어로는 사리뿟따(Sāriputta), 산스크리트어로는 사리뿌뜨라(Śāriputra)라 불립니다. 사리자에서 자(子)는 선생, 곧 존경을 나타내는 표현입니다.

사리불은 마가다국(摩竭陀國)의 브라만 마을인 우팔라(Upatissa)에서 태어났으며, 본래 이름은 '우팔리사(Upatiṣya)'였습니다. 그는 같은 브라만 출신의 친구 목건련(摩訶目犍連, 마하목건련, 목련존자, Maudgalyāyana, 팔리어: Moggallāna)과 함께 당대의 저명한 종교철학자 산자야(Sañjaya)에게 배우며 심오한 교리 탐구와 수행에 힘썼습니다.

그러나 두 사람은 산자야의 가르침에서 참된 해탈의 길을 찾지 못하고 방황하던 중, 석가모니 부처님의 제자인 아사지 존자(阿說示, Aśvajit)를 만나게 됩니다. 이때 아사지가 전한 짧은 한 구절은 다음과 같습니다.

諸法因緣生(제법인연생)、諸法因緣滅(제법인연멸)。我佛大沙門(아불대사문)、常作如是說(상작여시설)。

'모든 것은 인연 따라 생겨나며, 인연 따라 사라진다. 이것이 바로 나의 위대한 부처님의 가르침이다.'

이 말을 듣는 순간, 사리불은 즉시 연기법(緣起法)의 심오한 이치를 깨닫고 곧장 석가모니 부처님을 찾아가 출가하였습니다. 이후 그의 뛰어난 지혜는 많은 제자들 가운데서도 단연 돋보여, 석가모니 부처님께서는 그를 두고 '지혜에 있어 나의 장자(長子)'라며 칭찬하셨습니다.

32상(三十二相)

부처가 전생에 쌓은 크나큰 공덕의 결과로 나타나는 서른두 가지의 뛰어난 신체적 특징을 말합니다. 여기에 해당하는 상(相)에는 정제된 용모, 균형 잡힌 몸매, 위엄 있는 풍채, 청정한 피부, 가늘고 긴 손가락, 윤기 있는 치아, 맑은 눈동자, 청아한 목소리 등 인간의 경외심을 자아내는 외적 특징들이 포함됩니다.

선법(善法)

'선한 법(法)' 또는 '올바른 수행법'을 뜻하며, 석가모니 부처님의 가르침에 근거한 바른 행위와 실천을 말합니다. 4성제, 8정도, 5계, 6바라밀다 등의 교의에 따라 세상과 자신을 이롭게 하는 선업(善業)을 수행하는 것을 의미합니다.

선정(禪定)

불교의 수행법 가운데 하나로, 마음을 고요히 하여 번뇌를 멈추고 내면의 평정을 유지하는 상태를 뜻합니다. 잡념과 애착을 떠난 무념(無念), 무상(無想)의 상태를 지향하며, 8정도 중 정정(正定)에 해당합니다. 이는 올바른 정신 집중과 마음의 통일을 이끄는 수행입니다.

선지식(善知識), 진지식(眞知識)

불법(佛法), 곧 석가모니 부처님의 가르침을 바르게 실천하며, 그 가르침으로 중생을 교화하는 참된 스승을 말합니다. '지식(知識)'은 불교 용어로서 '선생', '교육자', '지도자'를 의미하며, 단순한 지식인이 아닌 수행과 실천을 통해 이끌어주는 존재입니다. 선지식은 깨달음의 길을 함께 걷는 길잡이입니다. 선지식을 진지식이라고도 합니다. 선지식의 반대말은 악지식(惡知識)입니다.

성불(成佛)

깨달음의 52단계를 거쳐 마지막 깨달음의 최고 경지인 아뇩다라삼먁삼보리(阿耨多羅三藐三菩提), 열반에 이르러 부처가 되는 것을 말합니다. 이는 모든 번뇌와 괴로움을 완전히 끊고 지혜와 자비를 완성한 상태를 의미합니다.

수보리(須菩提)

『금강경』에서 석가모니 부처님과 문답을 주고받는 비구로, 사위국(舍衛國)의 상인 집안 출신입니다. 석가모니 부처님의 10대 제자 가운데 한 명으로, '공(空)' 사상을 깊이 이해하여 '해공제일(解空第一)'이라는 별칭을 얻었습니다. 산스크리트어 이름은 Subhūti(수부

띠)이며, 기원정사(祇園精舍)를 세운 수달다의 조카입니다.

수자상(壽者相)

4상(四相) 가운데 하나로, 인간이 선천적으로 일정한 수명을 타고났다는 집착이나, 나이나 지위에 의존하여 자기를 우월시하고 남을 얕보는 마음을 뜻합니다. 이러한 집착은 아상(我相), 인상(人相), 중생상(衆生相)과 함께 수행자가 벗어나야 할 집착의 대상입니다.

수지독송(受持讀誦)

부처님의 가르침을 받아들이고(受), 지니며(持), 읽고(讀), 외어서 소리 내며 암송하는 것(誦)을 의미합니다. 경전에 대한 신심과 존경을 실천으로 표현하는 중요한 수행 방식입니다.

신심(信心)

석가모니 부처님의 가르침에 대한 절대적인 믿음을 말합니다. 깨달음의 52단계 중 첫 번째 단계가 '신심을 내는 것'이며, 이를 신심결정(信心決定) 또는 신심획득(神心獲得)이라 부릅니다. 신심은 자력(自力)으로 구할 수 있는 것이 아니라, 석가모니 부처님의 가르침에 관한 선지식(善知識)의 설법을 듣고 경전을 수지독송하는 가운데 어느 순간 아미타 부처님께서 주시는 것입니다. 깨달음의 최고 경지에 이르러 극락정토의 세계를 구경하기 위해서는 석가모니 부처님의 가르침을 의심하는 마음, 곧 의정(疑情)을 버리고 신심을 확립하는 것이 필수조건입니다.

12연기법(十二緣起法)

12연기(十二緣起)는 무명(無明)에서 노사(老死)에 이르기까지의 12가지 지분(支分)이 서로 인과관계로 연결되어 윤회의 과정을 설명하는 부처님의 가르침입니다. 12인연(十二因緣) 또는 12유지(十二有支)라고도 불립니다. 여기서 유지(有支)는 존재의 지분, 곧 윤회하는 삶을 구성하는 12단계를 뜻합니다. 이 12가지 지분은 다음과 같습니다.

(1) 무명(無明), (2) 행(行), (3) 식(識), (4) 명색(名色), (5) 6처(六處), (6) 촉(觸), (7) 수(受), (8) 애(愛), (9) 취(取), (10) 유(有), (11) 생(生), (12) 노사(老死)

(1) 무명(無明): 올바른 지혜가 없는 어리석음을 말하며, 4성제(四聖諦)나 인연법과 같은 진리를 알지 못하는 근본적인 무지(無知)이며, 모든 번뇌의 뿌리입니다. 올바른 세계관과 인생관이 결여된 상태입니다. 이는 8정도(八正道) 가운데 정견(正見)의 부새로 정의되며, 12연기의 시작점이자 윤회의 근원입니다.

(2) 행(行): 무명을 인연으로 하여 생기는 의지적 작용을 말하며, 신행(身行)·어행(語行)·의행(意行)의

3행(三行)으로 나뉩니다. 이는 3업(三業), 곧 신업·구업·의업과 같은 의미입니다. 행은 단순한 행위에 그치지 않고, 그 여력(餘力), 즉 습관력까지 포함합니다. 이러한 행위는 소멸되지 않고 성격, 기질, 지능 등으로 축적되어 윤회의 원인이 됩니다.

(3) 식(識): 인식 주체로서의 의식(意識)을 뜻하며, 6식(六識) 중 하나입니다. 12연기에서의 식은 특히 태중에 들어가는 순간의 의식(입태식)을 중심으로 이해되며, 과거세의 업에 의해 현세에 수태되는 한 찰나의 의식 작용을 의미합니다. 아라야식(阿賴耶識, Ālaya-vijñāna)은 대승불교의 유식학(唯識學, Yogācāra)에서 중심적인 개념입니다. 이는 인간 존재의 근저에 있는 가장 깊은 수준의 의식으로, 일반적인 6식(六識)이나 7식(七識: 6식 + 말나식)보다 더 근원적인 제8식(第八識)을 나타냅니다. '아라야'는 '쌓이다', '저장되다'라는

뜻을 가진 Ālaya(알라야)의 음을 한자로 옮긴 것으로, 이를테면 인도의 히말라야(Him-alaya)산은 '흰 눈이 쌓인 산'이라는 뜻에서 유래한 것입니다.

(4) 명색(名色): 명(名, 정신적 요소)과 색(色, 물질적 요소)의 결합으로서, 태중에 형성되는 정신과 육체의 초기 결합 상태를 가리킵니다. 이는 곧 식(識)이 대상화할 수 있는 6경(六境)을 포함하며, 유정법(有定法)의 초기 존재 양상을 나타냅니다.

(5) 6처(六處): 6근(六根)과 동일한 개념으로, 여섯 감각 기관을 뜻합니다. 태내에서 감각 능력이 점차 발달해가는 과정을 설명하며, 이후 외부 자극을 수용할 준비 단계로 이해됩니다.

(6) 촉(觸): 6근(六根), 6경(六境), 6식(六識)의 세 가지 요소가 화합하여 일어나는 접촉 작용입니다. 즉 감각 기관(근, 根)이 대상(경, 境)과 접하고, 이에 대한 인식 작용(식, 識)이 개입함으로써 인식

조건이 성립되는 것입니다.

(7) 수(受): 촉(觸)에 의해 생겨나는 고(苦), 락(樂), 불고불락(不苦不樂)의 감수 작용입니다. 동일한 대상을 접해도 사람마다 느낌이 다른 이유는, 식이 백지 상태가 아니라 무명과 행에 의한 성향(성격적 편향)을 포함하고 있기 때문입니다.

(8) 애(愛): 즐거움을 추구하고 괴로움을 회피하려는 근본적 욕망으로, 보다 엄밀히는 갈애(渴愛)라 합니다. 이는 탐욕, 성냄, 어리석음과 같은 번뇌의 중심이며, 고락의 감수에서 생기는 강한 집착 또는 혐오의 감정입니다. 즐거움의 대상에는 애착을, 괴로움의 대상에는 회피 또는 분노를 일으키는 마음 작용입니다.

(9) 취(取): 애욕의 대상을 적극적으로 취하거나, 반대로 배척하는 구체적 행위입니다. 사랑하는 이를 소유하려 하거나, 미워하는 대상을 제거하려는 선택적 행동으로 드러납니다. 살생·도

둑질·사음·거짓말 등 신구의(身口意)에 나타나는 실제적 윤리적 행위가 이에 해당합니다.

(10) 유(有): 취(取)로 인해 생성된 업(業)이 축적되어 미래의 존재 조건을 형성하는 작용입니다. 유는 넓은 의미에서 일체의 현상적 존재를 뜻하지만, 12연기에서는 취에 기반한 행위의 여력으로 이해됩니다. 그것은 과거의 행위가 남긴 습관력이며, 동시에 미래 생존 방식(생)의 조건이 됩니다. 이때, 애·취·유는 무명·행과 연결되는 또 하나의 윤회의 사슬로 이해됩니다. 무명에서 행이 생기듯, 애에서 취가 생기고 취에서 유가 발생합니다.

(11) 생(生): 새로운 존재의 발생, 즉 태어남을 뜻합니다. 이는 물리적인 출생뿐 아니라, 어떤 상황·경험·의식 상태가 새로 생겨나는 것도 포함합니다. 이러한 생은 과거 업의 여력에 의해 결정되며, 사람마다 다른 지능·성격·기질을 지

닌 채 태어나게 되는 이유도 여기에 있습니다.
(12) 노사(老死): 생이 있으면 반드시 따르게 되는 노화와 죽음의 괴로움을 말합니다. 이는 단지 육체의 죽음뿐 아니라, 모든 집착과 욕망, 번뇌 그리고 일체의 괴로움을 대표하는 마지막 단계입니다.

12연기는 선형적 구조처럼 보이나 사실은 순환적 구조로, 무명에서 노사에 이르는 과정이 다시 무명으로 되돌아가며 끊임없이 윤회를 반복하는 '생사의 고리'를 나타냅니다.

이 고리를 끊기 위해서는 무명(無明)을 벗어나서 정견(正見)을 갖추는 것, 즉 8정도(八正道)에 입각한 수행이 필요합니다. 이로써 '연기의 흐름'을 거꾸로 되짚으며 윤회의 사슬을 끊는 해탈의 길에 들어설 수 있습니다.

12처(十二處)

6근(六根)과 6경(六境)을 합쳐 12처(十二處)라고 합니다.

18계(十八界)

6근(六根), 6경(六境), 6식(六識)을 합쳐 18계(十八界)라고 합니다.

아뇩다라삼먁삼보리(阿耨多羅三藐三菩提)

산스크리트어 Anuttara-samyak-saṃbodhi의 음역으로, '더할 나위 없는 바른 깨달음'을 뜻합니다.

- 아뇩다라(Anuttara): 무상(無上), 더 이상 위가 없음
- 삼먁(Samyak): 바름, 진실됨
- 삼보리(Saṃbodhi): 정등각(正等覺), 완전한 깨달음 즉, 모든 지혜를 바르게 깨달은 최고의 경지를 의미합니다.

아라한4과(阿羅漢四果)

부파불교(部派佛敎, 소승불교)의 수행자가 도달하는 깨달음의 네 단계로, 인간의 번뇌를 완전히 끊고 열반에 이르는 과정을 설명합니다.

1. 수다원(須陀洹): 입류과(入流果), 초입단계
2. 사다함(斯陀含): 일래과(一來果), 한 번 더 인간계에 태어남
3. 아나함(阿那含): 불환과(不還果), 다시 태어나지 않음
4. 아라한(阿羅漢): 무학과(無學果), 모든 번뇌를 소멸하여 더 이상 배울 것이 없는 경지 아라한은 모든 괴로움을 소멸시키고 열반을 실현한 존재이며, 부처와 동등한 지혜의 경지, 곧 등정각(等正覺)을 말합니다.

아미타불(阿彌陀佛)

극락정토(極樂淨土)를 주재하는 부처님으로, 무한한

생명(無量壽, 무량수)과 무한한 광명(無量光, 무량광)을 지닌 존재입니다. 일체 중생을 구제하기 위해 크나큰 서원을 세우고 이를 성취하여, 지금 이 순간에도 극락세계에서 법을 설하고 계십니다. 석가모니 부처님을 포함한 모든 부처님 가운데 가장 위대한 부처님이며, 아미타여래(阿彌陀如來)라고도 불립니다.

'아미타불'의 어원은 다음과 같습니다. '미타'는 미터(Meter), 곧 '계량할 수 있다'라는 뜻이고, 접두사 '아(A)'는 그 반대말입니다. 이는 아수라(Asura)에서 보듯, '수라(Sura)'의 반대를 나타냅니다. 결국 '아미타'는 '계량할 수 없는', 곧 무량(無量)이라는 뜻입니다. 그래서 아미타불은 수명과 광명이 계량할 수 없을 정도로 무한하여 '무량수불(無量壽佛)', '무량광불(無量光佛)'이라 부르기도 하는 것입니다.

석가모니 부처님께서는 여러 설법에서 아미타불을 자신의 스승이자, 극락세계를 관장하는 최고의 부처님으로 찬탄하신 바 있습니다.

아상(我相)

인상(人相), 중생상(衆生相), 수자상(壽者相)과 함께 4상 가운데 하나로, 자기 자신에 대한 집착, 즉 '나'에 대한 잘난 체, 똑똑한 체, 자만심, 재산이나 능력에 대한 자부심 등을 말합니다. 이는 수행자가 극복해야 할 대표적인 집착 중 하나입니다.

아수라(阿修羅)

신(神)에 대항하는 존재, 즉 전통적으로 신에 반하는 분노와 투쟁의 성향을 지닌 신족(神族)을 뜻합니다. 산스크리트어 Asura(아수라)의 음역으로, 여기서 Sura(수라)는 신, A(아)는 부정을 의미합니다. 즉, '비신(非神)' 또는 '신이 아닌 자'라는 의미입니다.

아수라는 단일 개체가 아니라 그런 속성을 가진 존재들의 총칭입니다. 6도(六道), 곧 지옥계, 아귀계, 축생계, 아수라계, 인간계, 천상계 가운데 하나로, 싸움과 분노의 업보로 인해 아수라의 세계에 태어난

다고 여겨집니다.

아제아제 바라아제 바라승아제 모지사바하
(揭諦揭諦 波羅揭諦 波羅僧揭諦 菩提娑婆訶)

『반야심경』의 진언(眞言)으로, 산스크리트어 Gate Gate Paragate Parasamgate Bodhi Svaha의 음역입니다.

- Gate(가떼): 가라, 건너가라
- Paragate(빠라가떼): 저편으로 건너가라
- Parasamgate(빠라삼가떼): 온전히 저편으로 가라
- Bodhi(보디): 깨달음이여
- Svaha(스바하): 성취되었도다

한자로는 아제아제 바라아제 바라승아제 모지사바하로 표기되며, '나아가라, 나아가라, 저 깨달음의 세계로, 온전히 저 깨달음의 세계로! 깨달음이여, 성취되었도다!'라는 뜻입니다. 여기서 菩提(보리)는 깨달

음의 의미를 가지는데, 산스크리트어 'Bodhi'(보디)의 음차이며, 모지로 읽습니다.

다만 '아뇩다라삼먁삼보리(阿耨多羅三藐三菩提)'에서는 '보리'로 읽습니다.

업(業)

행위의 결과가 원인이 되어 미래에 영향을 준다는 인과론적 사상입니다. 산스크리트어 Karma(까르마)의 번역입니다. 업은 육체(身), 언어(口), 마음(意)의 세 가지 행위를 통해 발생하며, 선업(善業)과 악업(惡業)이 반복·축적되면서 삶의 윤회에 영향을 미칩니다. 8정도 중 정업(正業)은 올바른 행위를 뜻합니다.

연기(緣起)

인연생기(因緣生起)의 준말이며, 인연에 따라 생긴다는 뜻으로, 산스크리트어 Pratītyasamutpāda(쁘라띳야사뭇빠다)의 번역입니다. 만물의 모든 현상은 원인과

조건이 결합되어 생긴 결과이며, 독립된 실체는 존재하지 않는다는 석가모니 부처님의 핵심 가르침입니다. 존재의 상호의존성과 무자성(無自性)을 나타내는 말입니다.

연등불(燃燈佛)

석가모니 부처님께서 전생에 보살로 수행할 때 성불할 것임을 수기(授記)해 준 과거불(過去佛)입니다. 산스크리트어 이름은 Dīpaṃkara(디빰까라)이며, '빛을 밝히는 부처'라는 의미에서 정광불(錠光佛), 정광여래(錠光如來)라고도 불립니다. 석가모니 부처님께서는 연등불 앞에서 장차 불도가 되리라는 원(願)을 세우고, 연등불로부터 장차 '석가모니'라는 이름으로 성불하리라는 예언을 받았습니다.

열반(涅槃)

모든 번뇌가 꺼져 고요한 상태에 이른 경지를 말

합니다. 산스크리트어 Nirvāṇa(니르바나)의 음역으로, '불을 꺼뜨리다' 또는 '꺼진 상태'를 의미합니다. 번뇌의 불길을 꺼뜨리고 해탈에 이른 상태이며, 멸(滅), 적멸(寂滅), 멸도(滅度)라고도 합니다. 열반에는 두 종류가 있습니다.

- 유여열반(有餘涅槃): 번뇌는 모두 소멸되었으나, 육신이 아직 남아있는 상태에서 현생에 머무는 열반
- 무여열반(無餘涅槃): 육신마저 완전히 떠나, 생사의 굴레에서 완전히 해탈한 내생의 열반 상태

염불(念佛)

부처님의 명호(名號)나 가르침, 경전을 소리 내어 외거나 마음속으로 되새기는 수행법입니다. 아미타불의 명호를 염하는 '나무아미타불(南無阿彌陀佛)' 수행이 대표적입니다.

- 염불(念佛): 부처님의 명호
- 관불(觀佛): 부처님의 모습 또는 형상(불상)을 관상하며 수행

아미타불에 대해 '나무아미타불'이라고 명호를 부르는 행위는, 엄밀히 말하면 '신심(信心)을 얻게 해주소서'라는 간구(염불)가 아니라 '신심(信心)을 얻게 해주셔서 감사합니다'라는 감사의 뜻을 담고 있습니다.

5온(五蘊)

모든 존재는 다섯 가지 요소로 구성된다는 불교적 분석입니다.

1. 색(色): 물질적 요소, 육체(외면)
2. 수(受): 감각, 느낌(내면)
3. 상(想): 인식과 기억(내면)
4. 행(行): 의지와 작용(내면)

5. 식(識): 분별과 의식(내면)

이 가운데 색은 물질적 외면을 나타내며, 수·상·행·식은 정신적 내면을 나타냅니다.

우바새(優婆塞), 우바이(優婆尼)

남녀 재가불자를 말하며, 각각 산스크리트어 Upāsaka(우빠사까), Upāsikā(우빠시까)의 음역입니다. 이들은 출가하지 않은 채 부처님의 가르침을 따르며, 3귀5계(三歸五戒)를 기본 계율로 지닙니다.

- 3귀(三歸): 불(佛), 법(法), 승(僧)에 귀의
- 5계(五戒): 살생, 도둑질, 음행, 거짓말, 음주 금지 (또는 음주 대신 음주 판매 금지)

유위법(有爲法)

인연에 따라 끊임없이 변화하는 모든 조건 지어진

법을 말합니다. 연기법에 따라 생겨나고 사라지며, 항상성(恒常性) 없이 무상(無常)한 현상을 지칭합니다. 반대 개념은 무위법(無爲法)으로, 영원한 고정불변의 열반과 같은 상태입니다.

6경(六境) - 색성향미촉법(色聲香味觸法)

색(色, 형상과 색깔), 성(聲, 소리), 향(香, 냄새), 미(味, 맛), 촉(觸, 피부 자극), 법(法, 의식의 대상) - 이 여섯 가지 감각 대상을 의미합니다.

6근(六根) - 안이비설신의(眼耳鼻舌身意)

안(眼, 눈), 이(耳, 귀), 비(鼻, 코), 설(舌, 혀), 신(身, 몸), 의(意, 뜻)의 여섯 가지 의식의 인지 기관, 즉 감각 기관을 의미합니다.

6식(六識) - 안식·이식·비식·설식·신식·의식(眼識·耳識·鼻識·舌識·身識·意識)

6근(六根) - 눈, 귀, 코, 혀, 몸, 뜻 - 에 각각 인식 작용을 담당하는 '식(識)'을 결합한 것을 의미합니다.

윤회(輪廻)

생(生)과 사(死)가 끊임없이 반복되는 상태, 곧 윤회전생(輪廻轉生)을 말합니다. 산스크리트어 Saṃsāra(삼사라)로, 존재는 과거·현재·미래의 생을 돌고 돌아 6도(六道: 지옥, 아귀, 축생, 아수라, 인간, 천상)를 떠돕니다. 이 생사의 윤회에서 벗어나는 것을 해탈(解脫)이라고 하며, 해탈한 상태가 곧 열반이며 부처의 경지입니다.

인상(人相)

아상(我相), 중생상(衆生相), 수자상(壽者相)과 함께 4

상(四相) 가운데 하나로, 인간이라는 존재에 대한 우월감이나 특권의식을 뜻합니다. '나는 인간이므로 다른 중생(지옥·축생 등)보다 우월하다'는 집착에서 비롯되며, 불평등한 자아의식의 표현입니다.

인연(因緣)

결과가 발생하는 데 관여하는 두 가지 요인:
- 인(因): 직접적 원인
- 연(緣): 조건 또는 보조 원인

산스크리트어 Hetupratyaya(헤뚜쁘랏야야)의 번역이며, 모든 존재는 인과관계 속에서 발생하므로, 이를 인연소생(因緣所生)이라 부릅니다.

인욕(忍辱)

고통과 괴로움, 모욕을 참고 인내하며 원망하지 않는 실천 수행입니다. 6바라밀다 가운데 하나로, 자비심을 바탕으로 한 내적 수용과 평정심을 강조합니다.

자비(慈悲)

'자(慈)'는 즐거움을 주고, '비(悲)'는 괴로움을 없애는 행위로, 부처님의 근본 정신을 이룹니다. 산스크리트어 Maitrī(자애)와 Karuṇā(연민)의 번역어이며, 관세음보살, 지장보살 등 자비를 구현한 보살의 상징적 표현으로 나타납니다.

정진(精進)

게으름을 버리고 바른 수행을 끊임없이 실천하는 태도입니다. 8정도 중 정정진(正精進)에 해당하며, 단순한 노력이나 분투가 아니라 올바른 방향으로 부단히 나아가는 수행입니다.

제법무아(諸法無我)

모든 존재와 현상에는 고정된 실체가 없으며, 끊임

없이 변화한다는 뜻으로, 제행무상(諸行無常)과 같은 개념을 담고 있습니다. 고정불변의 실체, 곧 아트만(Ātman)을 부정하는 개념입니다.

여기서 무아(無我)는 아(我), 곧 아트만의 반대 개념입니다. '아'는 '나'를 뜻하는 것이 아니라, 고정불변의 실체가 존재한다는 사상을 나타내는 아트만(Ātman)의 첫 글자 음을 한자로 옮긴 것입니다.

제행무상(諸行無常)

'상(常)'은 '항상(恒常)', 곧 '영원히 변하지 않고 고정불변의 실체'를 나타냅니다. '무상(無常)'은 '상(常)'의 반대말입니다. 곧 '끊임없이 변화하며, 고정된 실체가 없다'는 뜻입니다. 모든 존재와 현상이 끊임없이 변화하며, 고정된 실체는 존재하지 않는다는 뜻으로, 제법무아(諸法無我)와 같은 개념을 담고 있습니다.

중도(中道)

양 극단을 피하고, 편견 없이 사물을 바로 보고 실천하는 길입니다. 산스크리트어 Madhyamāpratipad(마드히야마쁘라띠빠드)의 번역어로, 금욕과 향락이라는 두 극단을 벗어나 균형 잡힌 수행을 의미합니다. 부처님께서 깨달음의 최고 경지에 이르기 위해 택한 길이 바로 중도입니다.

중생(衆生)

6도(六道)에 나타나는 모든 존재, 곧 시방(十方)에 존재하는 모든 생명체를 일컫는 말입니다. 그러나 좁은 의미에서 '중생'은 보통 인간계에 태어난 인간을 지칭합니다.

중생상(衆生相)

아상(我相), 인상(人相), 수자상(壽者相)과 함께 4상 가운데 하나로, 자신을 '중생'이라 여겨 부처와는 거리가 먼 존재라 생각하며, 열등감이나 패배감에 빠지는 집착입니다. 이로 인해 수행에 대한 신심(信心)이 약해지고, 스스로 깨달음을 이루려는 의지가 꺾이는 장애가 됩니다.

지계(持戒)

계율을 지키고 악을 행하지 않는 실천 수행입니다.

- 계(戒): 자발적 도덕 규범
- 율(律): 제도화된 계율 출가자는 비구 250계, 비구니 348계를 지키며, 일반 재가불자에게는 5계(五戒)를 권장합니다. 5계는 ① 살생 금지, ② 도둑질 금지, ③ 음행 금지, ④ 거짓말 금지, ⑤ 음주 금지(또는 판매 금지)입니다.

지혜(智慧), 반야(般若)

일상적으로 사용하는 지혜(知惠)와 구별되는 불교적 개념입니다. 산스크리트어 Prajñā(쁘라냐)의 음을 한자로 옮긴 것이 반야(般若)입니다. 이는 단순한 지식이나 총명을 넘어서, 5온개공(五蘊皆空)의 이치와 인과(因果)의 도리를 꿰뚫어보는 통찰력을 의미합니다.

『반야심경』에서 '반야'는 '마하반야(摩訶般若)', 곧 크고 위대한 지혜, 깨달음의 최고 경지, 아뇩다라삼먁삼보리, 열반을 의미합니다.

마하반야, 곧 크고 위대한 지혜를 완성(바라밀다)하여 깨달음에 이르는 수행과정을 마하반야바라밀다(摩訶般若波羅蜜多)라고 하며, 여기서 바라밀다(波羅蜜多)는 산스크리트어 Pāramitā(빠라미따)의 음역으로 '완성', '저 언덕(피안)으로의 도달'을 뜻합니다.

천상천하 유아독존(天上天下 唯我獨尊)

천상천하 유아독존(天上天下 唯我獨尊)에서의 '아(我)'는 '나' 또는 '인간'을 의미하는 것이 아니라, '영원히 변하지 않고 고정된 실체가 존재한다'는 뜻을 지닌 고대 인도어 아트만(Ātman)의 첫 글자 음을 한자로 옮긴 것입니다. 곧 유아(唯我)는 '유일(唯一)한 아트만'이라는 뜻입니다.

따라서 '유아독존'은 '온 우주를 통틀어 오직 하나뿐인 변하지 않는 진실이 있으니, 그것은 바로 인간계에 태어난 데에는 각기 고유하게 독특(獨特)하고도 존귀(尊貴)한 목적과 사명이 있다'는 깊은 사상을 담고 있습니다. (보다 상세한 설명은 『불교에서 배우는 절대 행복론, 인생의 목적은 무엇인가』(2쇄, 비움과채움, 2025)를 참고하시기 바랍니다.)

청정심(淸淨心)

번뇌에 물들지 않은 맑고 깨끗한 본래의 마음을 말합니다. 이는 곧 부처가 될 수 있는 성품, 즉 불성(佛性)을 의미하며, 아뇩다라삼먁삼보리(무상정등각, 無上正等覺)에 이르는 원천이 됩니다. 청정심은 모든 중생에게 내재된 자성(自性)으로서, 수행을 통해 이 본래의 마음을 회복하고 실현하는 것이 곧 불도(佛道)입니다.

출가(出家)

석가모니 부처님의 가르침에 따라 깨달음의 최고 경지에 이르고자, 수행에만 전념하기 위해 세속의 삶을 떠나는 것을 말합니다. 산스크리트어 Pravrajana(쁘라브라자나)의 번역이며, 문자 그대로 '집을 떠남'을 의미합니다. 출가자는 가족과 세속적 소유로부터 벗어나 청정한 삶을 살며 계율과 수행을 중시합니다. 이에 반해 가정을 지키며 수행하는 이

들을 재가불자(在家佛者)라 합니다. 깨달음의 최고 경지에 이르기 위해 출가하여 수행에 전념하는 것이 효과적인 것은 분명하지만, 석가모니 부처님의 가르침에 따르면 출가하지 않더라도 깨달음의 최고 경지에 이를 수 있습니다.

8정도(八正道)

4성제(四聖諦) 중 도성제(道聖諦)에 해당하는 핵심 수행법으로, 번뇌와 괴로움을 소멸시키고 해탈에 이르는 여덟 가지 올바른 길을 의미합니다.

1. 정견(正見): 올바른 견해
2. 정사유(正思惟): 올바른 생각
3. 정어(正語): 올바른 말
4. 정업(正業): 올바른 행위
5. 정명(正命): 올바른 생업
6. 정정진(正精進): 올바른 노력

7. 정념(正念): 올바른 마음챙김
8. 정정(正定): 올바른 정신 집중

이 여덟 가지 길은 불교 수행의 근본이자 열반으로 향하는 실천의 지침입니다.

항하(恒河)

인도 북부를 흐르는 갠지스강의 고대 명칭으로, 산스크리트어로는 Ganga(강가)입니다. 석가모니 부처님께서 깨달음을 얻기 전 고행하셨던 우루빌바(Uruvilvā) 숲 근처의 나이란자나(Nairañjanā)강은 갠지스강의 지류로, 불교 초기 수행과 관련하여 상징적인 강으로 여겨집니다. 경전에서 불가사의한 수량을 표현할 때 '항하의 모래알 수만큼'이라는 비유로 사용되기도 합니다.

해탈(解脫)

윤회의 사슬과 번뇌와 괴로움의 굴레에서 벗어나 열반의 경지로 도달하는 것을 말합니다. 산스크리트어 Vimokṣa(비목샤) 또는 Mokṣa(목샤)의 번역이며, 문자 그대로는 '해방' 또는 '자유'를 의미합니다. 해탈은 집착과 탐욕, 무지를 모두 소멸시켜 마음이 더 이상 속박되지 않는 상태를 뜻하며, 그 결과로 얻는 경지가 열반(Nirvāṇa)입니다.

회향(廻向)

자신이 쌓은 공덕을 중생을 위해 돌리고 나누는 수행을 말합니다. 회전취향(廻轉趣向)의 준말로, 보시(布施), 지계(持戒), 정진(精進) 등의 수행을 통해 얻은 선업(善業)을 자신의 깨달음만을 위한 것이 아니라 모든 중생의 이익과 깨달음을 위해 '되돌림'으로써 자비를 실천하는 것을 뜻합니다. 보살 수행의 52단계 중

- 1~10단계: 신(信)의 단계
- 11~20단계: 주(住)의 단계
- 21~30단계: 행(行)의 단계
- 31~40단계: 회향(廻向)의 단계

회향의 수행이 완성되면 지(地)의 단계(41~50단계)에 이르며, 이후 입류(入流)를 통해 아라한의 경지에 도달하고, 마지막으로 52번째 단계에 있는 깨달음의 최고 경지인 아뇩다라삼먁삼보리(무상정등각, 無上正等覺)에 도달하여 성불(成佛)하게 됩니다.

般若心經

新 반야심경 해설

초판 1쇄 2025년 5월 20일
2쇄 2025년 8월 20일

지은이 백점기
발행인 김재홍
마케팅 이연실
디자인 김혜린

발행처 도서출판지식공감
브랜드 비움과채움
등록번호 제2015-000007호
주소 서울특별시 영등포구 경인로82길 3-4, 영등포센터플러스 1117호
전화 02-3141-2700
팩스 02-322-3089
이메일 jisikwon@naver.com

가격 8,000원
ISBN 979-11-5622-936-0 02220

ⓒ 백점기 2025, Printed in Seoul, Repubilc of Korea.
- 이 책은 저작권법에 따라 보호받는 저작물이므로 무단전재와 무단복제를 금지하며, 이 책 내용의 전부 또는 일부를 이용하려면 반드시 저작권자와 도서출판지식공감의 서면 동의를 받아야 합니다.
- 파본이나 잘못된 책은 구입처에서 교환해 드립니다.